Paul Lafargue

La Religion du Capital

essai

Paul Lafargue

La Religion du Capital

essai

Table de Matières

1. Le Congrès de Londres

Les progrès du socialisme inquiètent les classes possédantes d'Europe et d'Amérique. Il y a quelques mois, des hommes venus de tous les pays civilisés se réunissaient à Londres, afin de rechercher ensemble les moyens les plus efficaces d'arrêter le dangereux envahissement des idées socialistes. On remarquait parmi les représentants de la bourgeoisie capitaliste de l'Angleterre, lord Salisbury, Chamberlain, Samuel Morley, lord Randolph Churchill, Herbert Spencer, le cardinal Manning. Le prince de Bismarck, retenu par une crise alcoolique, avait envoyé son conseiller intime, le juif Bleichrœder. Les grands industriels et les financiers des deux mondes, Vanderbilt, Rothschild, Gould, Soubeyran, Krupp, Dollfus, Dietz-Monin, Schneider assistaient en personne, ou s'étaient fait remplacer par des hommes de confiance.

Jamais on n'avait vu des personnes d'opinions et de nationalités si différentes s'entendre si fraternellement. Paul Bert s'asseyait à côté de Mgr Freppel, Gladstone serrait la main à Parnell, Clémenceau causait avec Ferry, et de Moltke discutait amicalement les chances d'une guerre de revanche avec Déroulède et Ranc.

La cause qui les réunissait imposait silence à leurs rancunes personnelles, à leurs divisions politiques et à leurs jalousies patriotiques.

Le légat du Pape prit la parole le premier.

- On gouverne les hommes en se servant tour à tour de la force brutale et de l'intelligence. La religion était, autrefois, la force magique qui dominait la conscience de l'homme ; elle enseignait au travailleur à se soumettre docilement, à lâcher la proie pour l'ombre, à supporter les misères terrestres en rêvant de jouissances célestes. Mais le socialisme, l'esprit du mal des temps modernes, chasse la foi et s'établit dans le cœur des déshérités ; il leur prêche qu'on ne doit pas reléguer le bonheur à l'autre monde ; il leur annonce qu'il fera de la terre un paradis ; il crie au salarié « On te vole ! Allons, debout, réveille-toi » Il prépare les masses ouvrières, jadis si dociles, pour un soulèvement général qui détraquera les sociétés civilisées, abolissant les classes privilégiées, supprimant la famille, enlevant aux riches leurs biens pour les donner aux pauvres, détruisant l'art et la religion, répandant sur le monde les ténèbres de la barbarie... Comment combattre l'ennemi de toute civilisation et de tout progrès ? - Le prince de Bismarck, l'arbitre de l'Europe, le Nabuchodonosor qui a vaincu le Danemark, l'Autriche et la France, est vaincu par des savetiers socialistes. Les conservateurs de France immolèrent en 48 et en 71 plus de socialistes qu'on ne tua d'hérétiques le jour de la Saint-Barthélemy, et le sang de ces tueries gigantesques est une rosée qui fait germer le socialisme sur toute la terre. Après chaque massacre, le socialisme renaît plus vivace. Le monstre est à l'épreuve de la force brutale. Que faire ?

Les savants et les philosophes de l'assemblée, Paul Bert, Haeckel, Herbert Spencer se levèrent tour à tour et proposèrent de dompter le socialisme par la science.

Mgr Freppel haussa les épaules :

- Mais votre science maudite fournit aux communistes leurs arguments les mieux trempés.

- Vous oubliez la philosophie naturaliste que nous professons, répliqua M. Spencer. Notre savante théorie de l'évolution prouve que l'infériorité sociale des ouvriers est aussi fatale que la chute des corps, qu'elle est la conséquence nécessaire des lois immuables et immanentes de la nature ; nous démontrons aussi que les privilégiés des classes supérieures sont les mieux doués, les mieux adaptés, qu'ils iront se perfectionnant sans cesse et qu'ils finiront par se transformer en une race nouvelle dont les individus ne ressembleront en rien aux brutes à face humaine des classes inférieures que l'on ne peut mener que le fouet à la main.[1]

1 Nous regrettons vivement que le manque d'espace nous oblige à résumer les remarquables discours prononcés dans ce congrès qui réunissait les sommités de la science, de la religion, de la philosophie, de la finance, du commerce et de l'industrie. Nous renvoyons le lecteur à l'article où M. Spencer préconise la prison cellulaire et le fouet comme méthode de gouvernement des basses classes ; il parut dans la *Contemporary Review* du mois d'avril et portait le titre de « The Coming slavery »

1. Le Congrès de Londres

- Plaise à Dieu que jamais vos théories évolutionnistes ne descendent dans les masses ouvrières ; elles les enrageraient, les jetteraient dans le désespoir, ce conseiller des révoltes populaires, interrompit M. de Pressensé. Votre foi est vraiment par trop profonde, messieurs les savants du transformisme; comment pouvez-vous croire que l'on puisse opposer votre science désillusionnante aux mirages enchanteurs du socialisme, à la communauté des biens, au libre développement des facultés que les socialistes font miroiter aux yeux des ouvriers émerveillés ? Si nous voulons demeurer classe privilégiée et continuer à vivre aux dépens de ceux qui travaillent, il faut amuser l'imagination de la bête populaire par des légendes et des contes de l'autre monde. La religion chrétienne remplissait à merveille ce rôle ; vous, messieurs de la libre pensée, vous l'avez dépouillée de son prestige.

- Vous avez raison d'avouer qu'elle est déconsidérée, répondit brutalement Paul Bert, votre religion perd du terrain tous les jours. Et si nous, libres penseurs, que vous attaquez inconsidérément, nous ne vous soutenions en dessous mains, tout en ayant l'air de vous combattre pour amuser les badauds, si nous ne votions tous les ans le budget des Cultes, mais vous, et tous les curés, pasteurs et rabbins de la sainte boutique, vous crèveriez de faim. Qu'on suspende les traitements et la foi s'éteint... Mais, parce que je suis libre penseur, parce que je me moque de Dieu et du Diable, parce que je ne crois qu'à moi et aux jouissances physiques et intellectuelles que je prends, c'est pour cela que je reconnais la nécessité d'une religion, qui, comme vous le dites, amuse l'imagination de la bête humaine que l'on tond, il faut que les ouvriers croient que la misère est l'or qui achète le ciel et que le Bon Dieu leur accorde la pauvreté pour leur réserver le royaume des cieux en héritage. je suis un homme très religieux... pour les autres. Mais, sacredieu ! pourquoi nous avoir fabriqué une religion si bêtement ridicule. Avec la meilleure volonté du monde, je ne puis avouer que je crois qu'un pigeon coucha avec une vierge et que de cette union, réprouvée par la morale et la physiologie, naquit un agneau qui se métamorphosa en un juif circoncis.

(l'esclavage qui vient). Le communisme est l'esclavage que nous prédit le célèbre philosophe bourgeois.

Paul Lafargue

- Votre religion ne s'accorde pas avec les règles de la grammaire, ajouta Ménard-Dorian, qui se pique de purisme. Un Dieu unique en trois personnes est condamné à d'éternels barbarismes, à des *je pensons*, *je me mouchons*, *je me torchons* !

- Messieurs, nous ne sommes pas ici pour discuter les articles de la foi catholique, s'interposa doucement le cardinal Manning, mais pour nous occuper du péril social. Vous pouvez, rééditant Voltaire, railler la religion, mais vous n'empêcherez pas qu'elle soit le meilleur frein moral aux convoitises et aux passions des basses classes.

- L'homme est un animal religieux, dit sentencieusement le pape du positivisme, M. Pierre Laffitte. La religion d'Auguste Comte ne possède ni pigeon, ni agneau, et, bien que notre Dieu ne soit ni à plumes, ni à poils, il est cependant un Dieu positif.

- Votre Dieu-Humanité, répliqua Huxley, est moins réel que le blond Jésus. Les religions de notre siècle sont un danger social. Demandez à M. de Giers, qui nous écoute en souriant, si les sectes religieuses de formation nouvelle en Russie, aussi bien qu'aux États-Unis, ne sont pas entachées de communisme. Je reconnais la nécessité d'une religion, j'admets aussi que le christianisme, excellent encore pour les Papous et les sauvages de l'Australie, est un peu démodé en Europe; mais s'il nous faut une religion nouvelle, tâchons qu'elle ne soit pas un plagiat du catholicisme et ne contienne nulle trace de socialisme.

- Pourquoi, interrompit Maret, heureux de glisser un mot, ne remplacerions-nous pas les vertus théologales par les vertus libérales, la Foi, l'Espérance et la Charité par la Liberté, l'Égalité et la Fraternité ?

- Et la Patrie, acheva Déroulède.

- Ces vertus libérales sont en effet la belle découverte religieuse des temps modernes, reprit M. de Giers, elles ont rendu d'importants services en Angleterre, en France, aux États-Unis, partout, enfin, où on les a utilisées pour diriger les masses ; nous nous en servirons un jour en Russie. Vous nous avez enseigné, messieurs les Occidentaux, l'art d'opprimer au nom de la Liberté, d'exploiter au nom de l'Égalité, de mitrailler au nom de la Fraternité ; vous êtes nos maîtres. Mais ces trois vertus du libéralisme bourgeois ne suffisent pas à constituer une religion ; ce sont tout au plus des demi-dieux ; il reste à trouver le Dieu suprême.

- La seule religion qui puisse répondre aux nécessités du moment est la religion du Capital, déclara avec force le grand statisticien anglais, Giffen. Le Capital est le Dieu réel, présent partout, il se manifeste sous toutes les formes - il est or éclatant et poudrette puante, troupeau de moutons et cargaison de café, stock de Bibles saintes et ballots de gravures pornographiques, machines gigantesques et grosses de capotes anglaises. Le Capital est le Dieu que tout le monde connaît, voit, touche, sent, goûte ; il existe pour tous nos sens, Il est le seul Dieu qui n'a pas encore rencontré d'athée. Salomon l'adorait, bien que pour lui tout fût vanité ; Schopenhauer lui trouvait des charmes enivrants, bien que pour lui tout fût désenchantement ; Hartmann, l'inconscient philosophe, est un de ses conscients croyants. Les autres religions ne sont que sur les lèvres, mais au fond du cœur de l'homme règne la foi dans le Capital.

Bleichrœder, Rothschild, Vanderbilt, tous les chrétiens et tous les juifs de l'Internationale jaune, battaient les mains et vociféraient :

- Giffen a raison. Le Capital est Dieu, le seul Dieu vivant !

Quand l'enthousiasme judaïque se fut un peu calmé, Giffen continua :

- Aux uns sa présence se révèle terrible ; aux autres tendre comme l'amour d'une jeune mère. Quand le Capital se jette sur une contrée, c'est une trombe qui passe, broyant et triturant hommes, bêtes et choses. Quand le Capital européen s'abattit sur l'Égypte, il empoigna et souleva de terre les fellahs avec leurs bœufs, leurs charrettes et leurs pioches, et les transporta à l'isthme de Suez ; de sa main de fer il les courba au travail, brûlés par le soleil, grelottant de fièvre, torturés par la faim et la soif : trente mille jonchèrent de leurs ossements les bords du canal. Le Capital saisit les hommes jeunes et vigoureux, alertes et bien portants, libres et joyeux ; il les emprisonne par miniers dans des usines, dans des tissages, dans des mines ; là, comme le charbon dans la fournaise, il les consomme, il incorpore leur sang et leur chair à la houille, à la trame des tissus, à l'acier des machines ; il transfuse leur force vitale dans la matière inerte. Quand il les lâche, ils sont usés, cassés et vieillis avant l'âge ; ils ne sont que des carcasses inutiles que se disputent l'anémie, la scrofule, la pulmonie. L'imagination humaine, si fertile cependant en monstres terrifiants, n'aurait jamais pu enfanter un Dieu aussi cruel, aussi épouvantable, aussi puissant pour le mal. - Mais qu'il est doux, prévoyant et aimable pour ses élus. La terre ne possède pas assez de jouissances pour les privilégiés du Capital ; il torture l'esprit des travailleurs pour qu'ils inventent des plaisirs nouveaux, pour qu'ils préparent des mets inconnus afin d'exciter leurs appétits blasés ; il procure des vierges-enfants afin de réveiller leurs sens épuisés. Il leur livre en toute propriété les choses mortes et les êtres vivants.

Agités par l'esprit de vérité ils trépignaient et hurlaient:

- Le Capital est Dieu.

- Le Capital ne connaît ni patrie, ni frontière, ni couleur, ni races, ni âges, ni sexes ; il est le Dieu international, le Dieu universel, il courbera sous sa loi tous les enfants des hommes ! s'écria le légat du Pape, en proie à un transport divin. Effaçons les religions du passé ; oublions nos haines nationales et nos querelles religieuses, unissons-nous de cœur et d'esprit pour formuler les dogmes de la foi nouvelle, de la *Religion du Capital.*

Le Congrès de Londres, qui marquera dans l'histoire autant que les grands conciles qui élaborèrent la religion catholique, tint ses séances durant deux semaines; on nomma une commission composée des représentants de toutes les nationalités qui fut chargée de rédiger les procès-verbaux et de grouper en un corps de doctrine les opinions et les idées émises. Nous avons pu nous procurer différents travaux de cette commission que nous publions dans ce volume.

1. Le Congrès de Londres

2. Le catéchisme des travailleurs

DEMANDE. - Quel est ton nom ?

RÉPONSE. - Salarié.

D. - Que sont tes parents ?

R. - Mon père était salarié ainsi que mon grand-père et mon aïeul ; mais les pères de mes pères étaient serfs et esclaves. Ma mère se nomme Pauvreté.

D. - D'où viens-tu, où vas-tu ?

R. - Je viens de la pauvreté et je vais à la misère, en passant par l'hôpital, où mon corps servira de champ d'expériences aux médicaments nouveaux et de sujet d'études aux docteurs qui soignent les privilégiés du Capital.

D. - Où es-tu né ?

R. - Dans une mansarde, sous les combles d'une maison que mon père et ses camarades de travail avaient bâtie.

D. - Quelle est ta religion ?

R. - La religion du Capital.

D. - Quels devoirs t'impose la religion du Capital ?

R. - Deux devoirs principaux : le devoir de renonciation et le devoir de travail.

Ma religion m'ordonne de renoncer à mes droits de propriété sur la terre, notre mère commune, sur les richesses de ses entrailles, sur la fertilité de sa surface, sur sa mystérieuse fécondation par la chaleur et la lumière du soleil ; - elle m'ordonne de renoncer à mes droits de propriété sur le travail de mes mains et de mon cerveau ; -

elle m'ordonne encore de renoncer à mon droit de propriété sur ma propre personne ; du moment que je franchis le seuil de l'atelier, je ne m'appartiens plus, je suis la chose du maître.

Ma religion m'ordonne de travailler depuis l'enfance jusqu'à la mort, de travailler à la lumière du soleil et à la lumière du gaz, de travailler le jour et la nuit, de travailler sur terre, sous terre et sur mer; de travailler partout et toujours.

D. - T'impose-t-elle d'autres devoirs ?

R. - Oui. De prolonger le carême pendant toute l'année ; de vivre de privations, ne contentant ma faim qu'à moitié ; de restreindre tous les besoins de ma chair et de comprimer toutes les aspirations de mon esprit.

D. - T'interdit-elle certaine nourriture ?

R. - Elle me défend de toucher au gibier, à la volaille, à la viande de bœuf de première, de deuxième et de troisième qualité, de goûter au saumon, au homard, aux poissons de chair délicate ; elle me défend de boire le vin naturel, de l'eau-de-vie de vin et du lait tel qu'il sort du pis de la vache.

D. - Quelle nourriture te permet-elle ?

R. - Le pain, les pommes de terre, les haricots, la morue, les harengs saurs, les rebuts de boucherie, la viande de vache, de cheval, de mulet et la charcuterie. Pour remonter rapidement mes forces épuisées, elle me permet de boire du vin falsifié, de l'eau-de-vie de pommes de terre et du *casse-poitrine* de betterave.

D. - Quels devoirs t'impose-t-elle envers toi-même ?

R. - De rogner mes dépenses ; de vivre dans la saleté et la vermine ; de porter des habits déchirés, rapiécés, reprisés ; de les user jusqu'à la corde, jusqu'à ce qu'ils tombent en guenilles, de marcher sans bas, dans des souliers percés, qui boivent l'eau sale et glaciale des rues.

D. - Quels devoirs t'impose-t-elle envers ta famille ?

R. - D'interdire à ma femme et à mes filles toute coquetterie, toute élégance et tout raffinement ; de les couvrir d'étoffes communes, juste assez pour ne pas choquer la pudeur du sergot ; de leur apprendre à ne pas grelotter en hiver sous des cotonnades et à ne pas suffoquer en été dans les galetas ; d'inculquer à mes petits-enfants les sacrés principes du travail, afin qu'ils puissent dès le bas âge, gagner leur subsistance et n'être pas à la charge de la société ; de leur enseigner à se coucher sans souper et sans lumière, et de les accoutumer à la misère qui est leur lot dans la vie.

D. - Quels devoirs t'impose-t-elle envers la société ?

R. - D'accroître la fortune sociale par mon travail d'abord, par mon épargne ensuite.

D. - Que t'ordonne-t-elle de faire de tes économies ?

R. - De les porter aux caisses d'épargne de l'État pour qu'elles servent à combler les déficits du budget[1] ou de les confier aux sociétés fondées par les philanthropes de la finance pour qu'ils les prêtent à nos patrons. Nous devons toujours mettre nos économies à la disposition de nos maîtres.

D. - Te permet-elle de toucher à ton épargne ?

R. - Le moins souvent possible ; elle nous recommande de ne pas

---

1 Le catéchisme fait allusion à des faits qui se passent en France, mais que, sans doute, ses rédacteurs désireraient voir se généraliser dans les autres pays. Les sommes déposées dans les caisses d'épargne ont été employées à liquider la dette flottante, qui s'élevait à douze cents millions de francs ; tous les ans les excédents des sorties sur les rentrées des caisses d'épargne servent, comme dit le catéchisme, à combler les déficits du budget. M. Beaulieu signalait le danger que présentait cette situation, l'État pourrait être mis en faillite par les déposants venant réclamer leur argent. Je ferai remarquer le caractère vraiment international du catéchisme capitaliste, qui formule les devoirs et les droits des prolétaires sans distinction de pays et de race.

Paul Lafargue

insister quand l'État refuse de la rendre[1] et de nous résigner quand les philanthropes de la finance devançant nos demandes, nous annoncent que nos économies se sont dissipées en fumée.

D. - As-tu des droits politiques

R. - Le Capital m'accorde l'innocente distraction d'élire les législateurs qui forgent des lois pour nous punir ; mais il nous défend de nous occuper de politique et d'écouter les socialistes.

D. - Pourquoi ?

R. - Parce que la politique est le privilège des patrons, parce que les socialistes sont des coquins qui nous pillent et nous trompent. Ils nous disent que l'homme qui ne travaille pas ne doit pas manger, que tout appartient aux salariés parce qu'ils ont produit tout, que le patron est un parasite à supprimer. La sainte religion du Capital nous apprend, au contraire, que le gaspillage des riches crée le travail qui nous donne à manger; que les riches entretiennent les pauvres ; que s'à n'y avait plus de riches, les pauvres périraient. Elle nous enseigne encore à n'être pas assez bêtes pour croire que nos femmes et nos filles sauraient porter les soieries et les velours qu'elles tissent, elles qui ne veulent se parer que de méchantes cotonnades, et que nous ne saurions boire les vins naturels et manger les bons morceaux, nous qui sommes habitués à la vache enragée et aux boissons fraudées.

D. - Qui est ton Dieu ?

R. - Le Capital.

D. - Est-il de toute éternité ?

R. - Nos prêtres les plus savants, les économistes officiels, disent qu'il a existé depuis le commencement du monde ; comme il était tout petit alors, Jupiter, Jéhovah, Jésus et les autres faux Dieux ont régné à sa place et en son nom ; mais depuis l'an 1500 environ il

1 Le fait est arrivé déjà en 1848 ; les rédacteurs prévoient qu'il se répétera encore et veulent y préparer les ouvriers épargnistes.

2. Le catéchisme des travailleurs

grandit et ne cesse de grandir en masse et en puissance; aujourd'hui il domine le monde.

D. - Ton Dieu est-il tout-puissant ?

R. - Oui. Sa possession donne tous les bonheurs de la terre. Quand il détourne sa face d'une famille et d'une nation, elles végètent dans la misère et la douleur. La puissance du Dieu-Capital grandit à mesure que sa masse s'accroît tous les jours il conquiert de nouveaux pays tous les jours il grossit le troupeau de salariés qui, leur vie durant, sont consacrés à augmenter sa masse.

D. - Quels sont les élus de Dieu-Capital ?

R. - Les patrons, les capitalistes, les rentiers.

D. - Comment le Capital, ton Dieu, te récompense-t-il ?

R. - En me donnant toujours et toujours du travail, à moi, à ma femme et à mes tout petits enfants !

D. - Est-ce là ton unique récompense ?

R. - Non. Dieu nous autorise à satisfaire notre faim en savourant des yeux les appétissants étalages de viandes et de provisions que nous n'avons jamais goûtées, que nous ne goûterons jamais et dont se nourrissent les élus et les prêtres sacrés. Sa bonté nous permet de réchauffer nos membres que le froid engourdit, en regardant les chaudes fourrures et les draps épais dont se couvrent les élus et les prêtres sacrés. Elle nous accorde encore le délicat plaisir de réjouir nos yeux en contemplant passer en voiture sur les boulevards et les places publiques, la tribu sainte des rentiers et des capitalistes luisants, dodus, pansus, cossus, environnés d'une tourbe de valets galonnés et de courtisanes peintes et teintes. Nous nous enorgueillissons alors en songeant que si les élus jouissent des merveilles dont nous sommes privés, elles sont l'œuvre de nos mains et de nos cerveaux.

Paul Lafargue

D. - Les élus sont-ils d'une autre race que toi ?

R. - Les capitalistes sont pétris du même argile que les salariés ; mais ils ont été choisis entre des milliers et des millions.

D. - Qu'ont-ils fait pour mériter cette élévation ?

R. - Rien. Dieu prouve sa toute-puissance en déversant ses faveurs sur celui qui ne les a point gagnées.

D. - Le Capital est donc injuste ?

R. - Le Capital est la justice même ; mais sa justice dépasse notre faible entendement. Si le Capital était obligé d'accorder sa grâce à ceux qui la méritent, il ne serait point libre, sa puissance aurait des bornes. Le Capital ne peut affirmer sa toute-puissance qu'en prenant ses élus, les patrons et les capitalistes, dans le tas des incapables, des fainéants et des vauriens.

D. - Comment ton Dieu te punit-il ?

R. - En me condamnant au chômage ; alors je suis excommunié ; on m'interdit la viande, le vin et le feu. Nous mourons de faim, ma femme et mes enfants.

D. - Quelles sont les fautes que tu dois commettre pour mériter l'excommunication du chômage ?

R. - Aucune. Le bon plaisir du Capital décrète le chômage sans que notre faible intelligence puisse en saisir la raison.

D. - Quelles sont tes prières ?

R. - Je ne prie point avec des paroles. Le travail est ma prière. Toute prière parlée dérangerait ma prière efficace qui est le travail, la seule prière qui plaise, parce qu'elle est la seule utile, la seule qui profite au Capital, la seule qui crée de la plus-value.

D. - Où pries-tu ?

R. - Partout : sur mer, sur terre et sous terre, dans les champs, dans les mines, dans les ateliers et dans les boutiques.

Pour que notre prière soit accueillie et récompensée, nous devons déposer aux pieds du Capital notre volonté, notre liberté et notre dignité.

Au son de la cloche, au sifflement de la machine nous devons accourir ; et, une fois en prière, nous devons, ainsi que des automates, remuer bras et jambes, pieds et mains, souffler et suer, tendre nos muscles et épuiser nos nerfs.

Nous devons être humbles d'esprit, supporter docilement les emportements et les injures du maître et des contremaîtres, car ils ont toujours raison, même lorsqu'ils nous paraissent avoir tort.

Nous devons remercier le maître quand il rogne le salaire et prolonge la journée de travail ; car tout ce qu'il fait est juste et pour notre bien. Nous devons être honorés quand le maître et ses contremaître caressent nos femmes et nos filles, car notre Dieu, le Capital, leur octroie le droit de vie ou de mort sur les salariés ainsi que le droit de cuissage sur les salariées.

Plutôt que de laisser une plainte s'échapper de nos lèvres, plutôt que de permettre à la colère de faire bouillonner notre sang, plutôt que de jamais nous mettre en grève, plutôt que de nous révolter, nous devons endurer toutes les souffrances, manger notre pain couvert de crachats et boire notre eau souillée de boue; car pour châtier notre insolence, le Capital arme le maître de canons et de sabres, de prisons et de bagnes, de la guillotine et du peloton d'exécution.

D. - Recevras-tu une récompense après la mort ?

R. - Oui, une bien grande. Après la mort, le Capital me laissera m'asseoir et me délasser. Je ne souffrirai plus ni du froid, ni de la faim ; je n'aurais plus à m'inquiéter ni du pain du jour, ni du pain du lendemain. je jouirai du repos éternel de la tombe.

3. Le sermon de la courtisane

(*Le manuscrit qui m'a été remis est incomplet, les trois premiers feuillets manquent ; ils devaient sans doute contenir une invocation au Dieu-Capital, le protecteur de ceux que l'on méprise, La règle que je me suis imposée d'être un simple copiste, m'interdit toute tentative de reconstruction. Des notes marginales laissent supposer que le rédacteur du sermon, le légat du pape, a pris pour collaborateurs le prince de Galles, deux riches industriels connus du monde entier pour leurs soieries et leurs étoffes, MM. Bonnet et Pouyer-Quertier, et une célèbre courtisane, qui fit passer par son lit la haute noce cosmopolite, Cora Pear !*). P. L.

*

..............................Les hommes qui marchent dans les ténèbres de la vie, guidés par les lueurs vacillantes de la chétive raison, raillent et insultent la courtisane ; ils la clouent ignominieusement au pilori de leur morale ; ils la soufflettent de leurs vertus de parade, ils ameutent contre elle les colères et les indignations ; elle est l'esclave du mal et la reine de la scélératesse, la meule du pressoir de l'abrutissement, elle corrompt la jeunesse en fleurs et souille les cheveux blancs de la vieillesse ; elle enlève l'époux à l'épouse, elle pompe de ses lèvres altérées et insatiables l'honneur et la fortune des familles.

Ô mes sœurs ! la brutale fureur et la basse envie salissent avec un fiel amer et boueux la noble image de la courtisane, et cependant, il y a bientôt dix-neuf siècles, le dernier des faux Dieux, Jésus de Nazareth, relevait de l'opprobre des hommes, Marie-Madeleine, et l'asseyait au milieu des saints et des bienheureux, dans la splendeur de son paradis.

Avant la venue du Vrai-Dieu, avant la venue du Capital, les religions qui se sont disputé la terre et les Dieux qui se sont succédé dans la tête humaine, commandaient d'emprisonner l'épouse dans le gynécée et de ne permettre qu'à l'hétaïre de mordre aux fruits de l'arbre de science et de liberté. La grande déesse de Babylone, Mylitta-Anaïtis, « l'habile enchanteresse, la séduisante prostituée », ordonnait à son peuple de fidèles de l'honorer par la prostitution. Quand Bouddha, l'HommeDieu, venait à Vesali, il allait habiter dans la maison de la maîtresse des prostituées sacrées, devant qui se rangeaient les prêtres et les magistrats revêtus de leurs costumes de cérémonie, Jéhovah, le Dieu sinistre, logeait dans son temple les courtisanes.[1]

Éclairés par la foi, les hommes des sociétés primitives déifiaient la courtisane ; elle symbolisait la force de l'éternelle nature qui crée et qui détruit.

Les pères de l'Église catholique, qui pendant des siècles amusa de ses légendes l'enfant-humanité, cherchaient l'inspiration divine dans la compagnie des prostituées. Quand le pape réunissait en concile ses prêtres et ses évêques pour discuter un dogme de la foi, guidées par le doigt de Dieu, les courtisans de toute la chrétienté accouraient ; elles apportaient dans leurs jupes le Saint-Esprit ; elles éclairaient l'intelligence des Docteurs. Le Dieu des chrétiens arma du pouvoir de faire et de défaire les Papes infaillibles, Théodora, l'impériale catin.

Le Capital, notre Seigneur, assigne à la courtisane une place encore plus élevée : ce n'est plus à des papes aux chefs branlants qu'elle commande, mais à des milliers d'ouvriers jeunes et vigoureux, maîtres de tous les arts et de tous les métiers : ils tissent, brodent, cousent, travaillent le bois, le fer et les métaux précieux, taillent les diamants, rapportent du fond des mers le corail et les perles, produisent au cœur de l'hiver les fleurs du printemps et les fruits de l'automne, bâtissent les palais, décorent les murailles, peignent les toiles, sculptent le marbre, écrivent des drames et des romans, composent des opéras, chantent, jouent et dansent pour occuper ses loisirs et contenter ses caprices. jamais Sémiramis, jamais

---

1 Le légat du pape fait allusion à ce verset de l'Ancien Testament : « Il [Josiah] démolit les maisons des Sodomites qui étaient dans le temple de l'Éternel et dans lesquelles les prostituées tissaient des tentes. » (II, Rois, chap. XXIII, v. 7.) Dans le temple de Mylitta, les courtisanes de Babylone avaient de semblables chapelles où elles exerçaient leur saint ministère.

Cléopâtre, jamais ces reines puissantes n'eurent pour les servir un troupeau aussi nombreux de travailleurs, savants en tout métier, habiles en tout art.

La courtisane est la parure de la civilisation capitaliste. Qu'elle cesse d'orner la société et le peu de joie qui reste encore en ce monde ennuyé et attristé, s'évanouit ; les bijoux, les pierreries, les étoffes lamées et brodées deviennent inutiles comme des hochets ; le luxe et les arts, ces enfants de l'amour et de la beauté, sont insipides la moitié du travail humain perd sa valeur. Mais tant que l'on achètera et que l'on vendra, tant que le Capital restera le maître des consciences et le rémunérateur des vices et des vertus, la marchandise d'amour sera la plus précieuse et les élus du Capital abreuveront leur cœur à la coupe glaciale des lèvres peintes de la courtisane.

Si la raison n'avait pas abêti l'homme, si la foi avait ouvert les portes de son entendement, il aurait compris que la courtisane, en qui vont les luxures des riches et des puissants, est un des moteurs du Dieu capital pour remuer les peuples et transformer les sociétés.

Aux noirs temps du moyen âge, alors que le Capital, notre Seigneur, semblable à l'enfant qui palpite sourdement dans le sein de la femme, s'élaborait mystérieusement dans la profondeur des choses économiques, alors que pas une bouche ne prophétisait sa naissance, alors que l'âme humaine ignorante de la venue d'un Dieu, ne tressaillait pas d'allégresse, alors cependant le Capital commençait à diriger les actions des hommes. Il souffla dans l'esprit des chrétiens d'Europe le sauvage emportement qui les précipitait sur les routes d'Asie en bandes plus serrées que des bataillons de fourmis. - En ces temps-là, les chefs des hommes étaient les grossiers seigneurs féodaux, vivant dans les cuirasses comme les homards dans leur carapace, se nourrissant de viandes lourdes et de boissons épaisses, n'estimant d'autres plaisirs que les coups de lance, ne connaissant d'autre luxe qu'une épée bien trempée. Pour mouvoir ces brutes, notre Dieu dut s'abaisser au niveau de leur intelligence plus dense que le plomb : il leur suggéra l'idée de se croiser, de courir en Palestine délivrer les pierres d'un tombeau qui

3. Le sermon de la courtisane

jamais n'exista. Dieu voulait les amener aux pieds des courtisanes de l'Orient, les enivrer de luxe et de jouissances, implanter dans leur cœur la passion divine, l'amour de l'or. Quand ils rentrèrent dans leurs sombres manoirs, où hululaient les hiboux, les sens encore troublés par l'or et la pourpre des fêtes, les parfums de l'Arabie et les molles caresses des courtisanes épilées, ils prirent en dégoût leurs femelles gauches et velues, filant et enfantant et ne sachant rien autre : ils rougirent de leur barbarie, et comme une jeune mère prépare le berceau de l'enfant qui va naître, ils bâtirent les villes de la Méditerranée, ils créèrent les cours ducales et royales de l'Europe, pour la venue du Dieu-Capital.

Je vous le dis en vérité, la courtisane est plus chère à notre Dieu qu'au financier l'argent de l'actionnaire ; elle est sa fille très aimée, celle qui de toutes les femmes obéit le plus docilement à sa volonté. La courtisane trafique avec ce qu'on ne peut ni peser, ni mesurer, avec la chose immatérielle qui échappe aux lois sacrées de l'échange : elle vend l'amour, comme l'épicier débite le savon et la chandelle, comme le poète détaille l'idéal. Mais en vendant l'amour, la courtisane se vend ; elle donne au sexe de la femme une valeur, son sexe participe alors aux qualités de notre Dieu, il devient une parcelle de Dieu, il est Capital. La courtisane incarne Dieu.

Vous êtes plus naïfs que les veaux paissant dans les prairies, ô poètes, ô dramaturges, ô romanciers, vous qui injuriez la courtisane parce qu'elle n'accorde l'usage de son corps que contre argent comptant, vous qui la traînez dans la boue parce qu'elle cote à un prix élevé ses tendresses. Vous voulez donc qu'elle profane la parcelle divine qui est son corps, qu'elle le rende plus vil que les pierres du chemin ? Vous, moralistes, qui êtes des porcheries à engraisser les vices, vous lui reprochez de préférer l'or fin au cœur brûlant d'amour. Philosophes obtus, vous prenez donc la courtisane pour un épervier se gorgeant de chair pantelante ? Vous tous que l'avarice étouffe, croyez-vous donc que la courtisane soit moins désirable parce qu'on l'achète ? N'achète-t-on pas le pain qui soutient le corps, le vin qui réjouit le cœur ? N'achète-t-on pas la conscience du député, les prières du prêtre, le courage du soldat, la science de l'ingénieur, l'honnêteté du caissier ?

Dieu-Capital maudit les prostituées, folles de leur corps, qui se vendent pour quelques francs, quelques sous aux travailleurs et aux soldats ; plus redoutable que la peste, il martyrise les brutes du plaisir des pauvres, il empoisonne la chair des chauves-souris de Vénus, il les livre aux Alphonses du ruisseau qui les battent et les pillent ; il les soumet à l'inspection de la police, ainsi que la viande pourrie des marchés.

Mais la courtisane qui possède la grâce efficace du Dieu-Capital se bouche les oreilles à vos morales et ridicules déclamations plus vaines que les cris des oies qu'on plume: elle enveloppe son âme d'une glace polaire que le feu d'aucune passion d'amour ne fond ; car malheur, trois fois malheur à la Dame aux Camélias, qui se donne et ne se vend pas ; Dieu se retire à la courtisane amoureuse qui se pâme de plaisir ; si son cœur palpite, et si ses sens parlent, l'acheteur d'amour qui succède à l'amant de cœur, dépité et désappointé, au lieu d'une marchandise fraîche ne trouve qu'un corps échauffé et épuisé.

La courtisane se cuirasse d'attirante froideur, pour que sur son corps de porcelaine, où la passion ne bat de l'aile, ses acheteurs usent leurs lèvres brûlantes sans en altérer la fraîcheur ; c'est de la fermentation de leur sang qu'ils doivent tirer l'ivresse d'amour, et non de la fièvre de ses caresses et de la chaleur de ses étreintes ; car il faut que, tandis que l'acheteur mange de baisers son corps vendu, son âme libre songe à l'argent qui lui est dû.

La courtisane filoute ceux qui l'achètent; elle les oblige à payer au poids de l'or le plaisir d'amour qu'ils apportent en eux. Et parce que, lorsqu'elle vend l'amour, la marchandise vendue n'existe pas, notre Dieu-Capital, pour qui le vol et la falsification sont les premières des vertus théologales, bénit la courtisane.

Femmes qui m'écoutez, je vous ai révélé le mystère de l'énigmatique froideur de la courtisane, de la courtisane marmoréenne, qui convie la classe entière des élus du Capital au banquet de son corps

3. Le sermon de la courtisane

et leur dit : « Prenez, manger et buvez, ceci est ma chair et ceci est mon sang ».

*

L'épouse fidèle et bonne ménagère que les gens du monde honorent en paroles, mais s'empressent de fuir et de laisser se morfondre au foyer conjugal, isole l'homme de ses semblables, engendre et développe dans son sein la jalousie, cette passion antisociale, qui empoisonne de bile le sang, et l'emprisonne dans son chez soi ; elle le mure dans l'égoïsme familial. La courtisane, au contraire, libère l'homme du joug de la famille et des passions.

L'argent crée des distances parmi les hommes, la courtisane les rapproche, les unit, Dans son boudoir, ceux qui divisent l'intérêt fraternisent, un pacte secret, indéfinissable, mais profond, mais irrévocable, les lie ; ils ont mangé et bu de la même courtisane; ils ont communié sur le même autel.

L'amour, la passion sauvage et brutale, qui trouble le cerveau, pousse l'homme à l'oubli et au sacrifice de ses intérêts, la courtisane le remplace par la facile, la bourgeoise, la commode galanterie vénale, qui pétille comme l'eau de seltz et n'enivre pas.

La courtisane est le présent du Dieu-Capital, elle initie ses élus aux savants raffinements du luxe et de la luxure; elle les console de leurs légitimes, ennuyeuses comme les longues pluies d'automne. Quand la vieillesse les saisit, les ride et les ratatine, éteint la flamme des yeux, enlève la souplesse des membres et la douceur de l'haleine, et les rend un objet de dégoût pour les femmes, la courtisane allège les tristesses de l'âge ; sur son corps froid que rien ne rebute, ils trouvent encore le fugitif plaisir que leur or achète.

Plus agissante que les ferments qui travaillent le vin nouveau, la courtisane imprime aux richesses un vertigineux mouvement giratoire ; elle lance dans la folle valse des millions, les fortunes les plus lourdes ; dans ses nonchalantes mains, les mines, les usines, les banques, les rentes sur l'État, les vignobles et les terres

Paul Lafargue

à blé se dissolvent, coulent entre les doigts et se répandent dans les mille canaux du commerce et de l'industrie. La vermine qui monte à l'assaut des charognes, n'est pas plus épaisse que la nuée de domestiques, de marchands, d'usuriers, qui l'assiègent ; ils tiennent béantes leurs insondables poches pour recueillir la pluie d'or qui tombe quand elle retrousse sa robe. Modèle d'abnégation, elle ruine ses amants pour enrichir les domestiques et les fournisseurs qui la volent.

Les artistes et les industriels s'endormiraient dans la grasse médiocrité, si la courtisane ne les obligeait à surchauffer leurs cervelles pour découvrir des jouissances nouvelles et des futilités inédites ; car, assoiffée d'idéal, elle ne possède un objet que pour s'en dégoûter; elle ne goûte un plaisir que pour s'en rassasier.

La machine abrège-travail condamnerait les ouvrières et les ouvriers à l'oisiveté, cette mère des vices ; mais élevant le gaspillage à la hauteur d'une fonction sociale, la courtisane augmente son luxe et ses exigences à mesure que la mécanique industrielle progresse, afin qu'il y ait pour les damnés du prolétariat toujours du travail, cette source des vertus.

La courtisane qui dévore les fortunes, qui gâche et qui détruit comme une armée en marche, les seigneurs de la fabrique et de la boutique l'adorent ; elle est le génie tutélaire qui entretient la vie et la vigueur du commerce et de l'industrie.

La morale de la religion du Capital plus pure et plus élevée que celles des fausses religions du passé, ne proclame pas l'égalité humaine: la minorité, l'infime minorité seule est appelée à se partager les faveurs du Capital. Le Phallus, ainsi que dans le temps primitifs, ne rend plus les hommes égaux. La courtisane ne doit pas être salie par les baisers des rustres et des manants ; car Dieu-Capital réserve pour ses élus les choses précieuses et délicates de la nature et de l'art.

La courtisane, que Dieu garde pour la joie des riches et des puissants, si elle est condamnée à soulever le voile des hypocrisies sociales,

3. Le sermon de la courtisane

à toucher le fond des turpitudes humaines basses à lever le cœur, elle vit dans le luxe et les fêtes ; nobles et bourgeois respectables et respectés, quémandent l'honneur de métamorphoser la Madame Tout-le-Monde en Madame Quelqu'un ; et il lui arrive de clore la série de ses folles noces par une noce raisonnable. Au printemps de ses jours, les capitalistes déposent à ses pieds leur cœur qu'elle dédaigne et leurs trésors qu'elle dissipe ; les artistes et les littérateurs voltigent autour d'elle, l'adulant d'hommages serviles et intéressés. A l'automne de ses ans, lasse et de graisse épaissie, elle ferme boutique et ouvre maison, et les hommes graves et les femmes prudes l'entourent de leur amitié et de leurs soins empressés, afin d'honorer la fortune qui récompense son travail sexuel.

Dieu comble la courtisane de ses grâces : à celle que l'imprévoyante nature n'a pas dotée de beauté et d'esprit, il donne du chic, du *montant, du chien, de la roserie,* qui séduisent et captivent l'âme distinguée des privilégiés du Capital.

Dieu la met à l'abri des faiblesses de son sexe. La nature marâtre condamne la femme au dur labeur de la reproduction de l'espèce; mais les lancinantes douleurs qui tenaillent le sein des mères ne sont infligées qu'à l'amante, qu'à l'épouse. Dieu, dans sa bonté, épargne à la courtisane les maculatures et les déformations de la gestation et le travail de l'enfantement : il lui accorde la stérilité, cette grâce si enviée. C'est l'amante, c'est l'épouse qui doivent implorer la vierge Marie et lui adresser la fervente prière de la femme adultère : « O vierge sainte, qui avez conçu sans péché, faites que je pèche sans concevoir ». La courtisane appartient au troisième sexe ; elle laisse à la femme vulgaire la sale et pénible besogne d'enfanter l'humanité.[1]

Le hasard recrute les courtisanes dans les basses classes de la société. N'est-ce pas une honte et un crève-cœur de voir celles qui occupent un rang si élevé dans le monde, sortir de la crotte ?

Femmes qui m'écoutez, vous appartenez aux classes supérieures,

[1] Les rédacteurs du sermon se sont inspirés de la pensée d'Auguste Comte. Le fondateur du positivisme prédisait la formation d'une race supérieure de femmes, débarrassées de la gestation et de la parturition. La courtisane réalise en effet l'idéal du bourgeois philosophe.

Paul Lafargue

souvenez-vous que l'ancienne noblesse reprochait à Louis XV de prendre ses concubines dans la roture ; réclamez comme un de vos plus précieux privilèges le droit et l'honneur de fournir les courtisanes des élus du Capital. Déjà beaucoup d'entre vous, méprisant les tristes devoirs de l'épouse, se vendent comme les courtisanes ; mais elles trafiquent de leur sexe timidement, hypocritement. Imitez l'exemple des honorables matrones de l'ancienne Rome qui se faisaient inscrire chez les édiles pour exercer le métier de prostituées ; secouez, jetez à terre et foulez aux pieds des préjugés idiots et démodés qui ne conviennent qu'à des esclaves. Le Dieu-Capital apporte au monde une morale nouvelle; il proclame le dogme de la Liberté humaine : sachez que l'on n'obtient la liberté qu'en conquérant le droit de se vendre. Libérez-vous de l'esclavage conjugal, en vous vendant.

Dans la société capitaliste, il n'est pas de travail plus honorable que celui de la courtisane. Tenez, regardez le travail de l'ouvrière et contemplez ensuite celui de la courtisane. A la fin de sa longue et monotone journée, l'ouvrière méprisée, pâlie et courbatue, ne tient dans sa main amaigrie que le modique salaire qui l'empêche de mourir de faim. La courtisane, joyeuse comme un jeune dieu, se lève de son lit ou de son canapé et, secouant sa chevelure parfumée, elle compte négligemment des louis d'or et des billets de banque. Son travail ne laisse sur son corps ni fatigue, ni souillure ; elle rince sa bouche et s'essuie les lèvres et dit en souriant : à un autre !

Philosophes ruminants, qui sans relâche mâchez et remâchez les préceptes surannés de l'antique morale, dites-nous donc quelle besogne est plus agréable à notre Dieu-Capital, celle de l'ouvrière ou celle de la courtisane ?

Le Capital marque son estime pour une marchandise, par le prix auquel il permet qu'elle se vende. Allons, moralistes cafards, trouvez donc dans l'innombrable série des occupations humaines, un travail de la main ou de l'intelligence, qui reçoive un salaire aussi rémunérateur que celui du sexe ? La science du savant, le courage du soldat, le génie de l'écrivain, l'habileté de l'ouvrier, ont-ils été jamais autant payés que les baisers de Cora Pearl ?

3. Le sermon de la courtisane

Le travail de la courtisane est le travail sacré, celui que Dieu-Capital récompense par-dessus tous les autres.

Mes très chères sœurs, écoutez-moi, écoutez-moi, Dieu parle par ma bouche:

Si vous êtes assez abandonnées de Dieu, pour ne pas abhorrer le travail accablant de l'ouvrière qui déforme le corps et qui tue l'intelligence, ne vous prostituez pas ;

Pour ambitionner l'existence végétative de la ménagère, cloîtrée dans la famille et condamnée à l'économie sordide, ne vous prostituez pas ;

Pour vouloir vivre solitaire au foyer conjugal, délaissée par l'époux, qui mange votre dot avec la courtisane, ne vous prostituez pas ;

Mais si vous avez souci de votre liberté, de votre dignité, de votre gloire et de votre bonheur sur terre, prostituez-vous ;

Si vous avez trop de fierté dans l'âme pour accepter sans révolte le travail dégradant de l'ouvrière et la vie de la civilisation, prostituez-vous ;

Si vous voulez être la reine des fêtes et des plaisirs de la civilisation, prostituez-vous ;

C'est la grâce que je vous souhaite Amen !

4. L'Écclésiaste ou le livre du capitaliste

Ce livre a circulé entre les mains de plusieurs capitalistes qui l'ont lu et annoté; voici quelques-unes de leurs annotations :

« Il est certain que ces préceptes de la sagesse divine seraient mal interprétés par l'intelligence grossière des salariés. je suis d'avis qu'on les traduise en volapuk ou toute autre langue sacrée. »

Paul Lafargue

Signé: Jules Simon

« Il faudrait imiter les docteurs judaïques qui interdisaient aux profanes la lecture de l'*Écclésiaste* de l'Ancien Testament et ne communiquer le *Livre du Capitaliste* qu'aux initiés possédant un million. »

Signé: Bleichrœder

« Un million de francs ou de marks me semble une somme bien misérable, je propose un million de dollars. »[1]

Signé: Jay Gould

A. Nature du Dieu-Capital

1. - Médite les paroles du Capital, ton Dieu.

2. - Je suis le Dieu mangeur d'hommes; je m'attable dans les ateliers et je consomme les salariés. Je transsubstantie en capital divin la vie chétive du travailleur. je suis l'infini mystère : ma substance éternelle n'est que périssable chair; ma toute-puissance que faiblesse humaine. La force inerte du Capital est la force du salarié.

3. - Principe des principes : par moi débute toute production, à moi aboutit tout échange.

4. - Je suis le Dieu vivant, présent en tous lieux : les chemins de fer, les hauts fourneaux, les grains de blé, les navires, les vignobles, les pièces d'or et d'argent sont les membres épars du Capital universel.

5. - Je suis l'âme incommensurable du monde civilisé, au corps varié et multiple à l'infini. Je vis dans ce qui s'achète et se vend ; j'agis dans chaque marchandise et pas une n'existe en dehors de mon unité vivante.

6. - Je resplendis dans l'or et je pue dans le fumier ; je réjouis dans le vin et je corrode dans le vitriol.

---

1 Sachant qu'un mark valait à l'époque environ 1,1 franc et 1 dollar 5,28 francs. On peut estimer le franc de 1887 à environ 20 € de 2009.

7. - Ma substance qui s'accroît continuellement coule, fleuve invisible, à travers la matière; divisée et subdivisée au-delà de toute imagination, elle s'emprisonne dans les formes spéciales revêtues par chaque marchandise et, sans me lasser, je me transvase d'une marchandise dans une autre : pain et viande aujourd'hui, demain force travail du producteur, après-demain, lingot de fer, pièce de calicot, œuvre dramatique, quintal de suif, sac de poudrette. La transmigration du Capital jamais ne s'arrête. Ma substance ne meurt pas ; mais ses formes sont périssables, - elles finissent et passent.

8. - L'homme voit, touche, sent et goûte mon corps, mais mon esprit plus subtil que l'éther est insaisissable aux sens. Mon esprit est le Crédit ; pour se manifester, il n'a pas besoin de corps.

9. - Chimiste plus savant que Berzélius, que Gherardt, mon esprit transmute les vastes champs, les colossales machines, les métaux pesants et les troupeaux mugissants en actions de papier; et plus légers que des balles de sureau, animées par l'électricité, les canaux et les hauts fourneaux, les mines et les usines bondissent et rebondissent de main en main dans la Bourse, mon temple sacré.

10. - Sans moi, rien ne se commence, ni ne s'achève dans les pays que gouverne la Banque. je féconde le travail ; je domestique au service de l'homme les forces irrésistibles de la nature et je mets en sa main la puissant levier de la science accumulée.

11. - J'enlace les sociétés dans le réseau d'or du commerce et de l'industrie.

12. - L'homme qui ne me possède pas, qui n'a pas de Capital, marche nu dans la vie, environné d'ennemis féroces et armés de tous les instruments de torture et de mort.

13. - L'homme qui n'a pas de Capital, s'il est fort comme le taureau, on charge ses épaules d'un plus lourd fardeau ; s'il est laborieux, comme la fourmi, on double sa tâche; s'il est sobre comme l'âne,

on réduit sa pitance.

14. - Que sont la science, la vertu et le travail sans le Capital ? - Vanité et rongement d'esprit,

15. - Sans la grâce du Capital, la science égare l'homme dans les sentiers de la folie; le travail et la vertu le précipitent dans l'abîme de la misère.

16. - Ni la science, ni la vertu, ni le travail ne satisfont l'esprit de l'homme; c'est moi, le Capital, qui nourris la meute affamée de ses appétits et de ses passions.

17. - Je me donne et je me reprends selon mon bon plaisir et je ne rends pas de compte. Je suis l'Omnipotent qui commande aux choses qui vivent et aux choses qui sont mortes.

B. Élu du Capital

1. - L'homme, cet infecte amas de matière, vient au monde nu comme un ver, et, enfermé dans une boîte, comme un pantin, il va pourrir sous terre et sa pourriture engraisse l'herbe des champs.

2. - Et pourtant, c'est ce sac d'ordures et de puanteur que je choisis pour me représenter, moi le Capital, moi la chose la plus sublime qui existe sous le soleil.

3. - Les huîtres et les escargots ont une valeur par les qualités de leur nature brute ; le capitaliste ne compte que parce que je le choisis pour mon élu ; il ne vaut que par le Capital qu'il représente.

4. - J'enrichis le scélérat nonobstant sa scélératesse ; j'appauvris le juste nonobstant sa justice. J'élis qui me plaît.

5. - Je choisis le capitaliste, ni pour son intelligence, ni pour sa probité, ni pour sa beauté, ni pour sa jeunesse. Son imbécillité, ses vices, sa laideur et sa décrépitude sont autant de témoins de mon incalculable puissance.

6. - Parce que j'en fais mon élu, le capitaliste incarne la vertu, la beauté, le génie. Les hommes trouvent sa sottise spirituelle, ils affirment que son génie n'a que faire de la science des pédants ; les poètes lui demandent l'inspiration, et les artistes reçoivent à genoux ses critiques comme les arrêts du goût ; les femmes jurent qu'il est le Don Juan idéal ; les philosophes érigent ses vices en vertus ; les économistes découvrent que son oisiveté est la force motrice du monde social.

7. - Un troupeau de salariés travaille pour le capitaliste qui boit, mange, paillarde et se repose de son travail du ventre et du bas-ventre.

8. - Le capitaliste ne travaille ni avec la main, ni avec le cerveau.

9. - Il a un bétail mâle et femelle pour labourer la terre, forger les métaux et tisser les étoffes ; il a des directeurs et des contremaîtres pour diriger les ateliers, et des savants pour penser. Le capitaliste se consacre au travail des latrines ; il boit et mange pour produire du fumier.

10. - J'engraisse l'élu d'un bien-être perpétuel ; car qu'y a-t-il de meilleur et de plus réel sur terre que boire, manger, paillarder et se réjouir ? - Le reste n'est que vanité et rongement d'esprit,

11. - J'adoucis les amertumes et j'enlève les peines de toutes choses pour que la vie soit aimable et agréable à l'élu.

12. - La vue a son organe ; l'odorat, le toucher, le goût, l'ouïe, l'amour ont aussi leurs organes. je ne refuse rien de ce que désirent les yeux, la bouche et les autres organes de J'élu.

13. - La vertu est à double face la vertu du capitaliste est de se contenter la vertu du salarié de se priver.

14. - Le capitaliste prend sur terre ce qui lui plaît ; il est le maître. S'il est blasé des femmes, il réveillera ses sens avec des vierges-en-

fants.

15. - Le capitaliste est la loi. Les législateurs rédigent les Codes selon sa convenance, et les philosophes accommodent la morale selon ses mœurs. Ses actions sont justes et bonnes. Tout acte qui lèse ses intérêts est crime et sera puni.

16. - Je garde pour les élus un bonheur unique, ignoré des salariés. - Faire des profits est la joie suprême. - Si l'élu qui encaisse des bénéfices perd sa femme, sa mère, ses enfants, son chien et son honneur, il se résigne. Ne plus réaliser des profits est le malheur irréparable, dont jamais le capitaliste ne se console.

C. Devoirs du capitaliste

§ 1.

1. - Beaucoup sont appelés, et peu sont élus ; tous les jours, je réduis le nombre de mes élus.

2. - Je me donne aux capitalistes et je me partage entre eux ; chaque élu reçoit en dépôt une parcelle du Capital unique ; et il n'en conserve la jouissance que s'il l'accroît, que s'il lui fait faire des petits. Le Capital se retire des mains de celui qui ne remplit pas sa loi.

3. - J'ai choisi le capitaliste pour extraire de la plus-value; accumuler les profits est sa mission.

4. - Afin d'être libre et à J'aise dans la chasse aux bénéfices, le capitaliste brise les liens de J'amitié et de l'amour; il ne connaît ni ami, ni frère, ni mère, ni femme, ni enfants, là où il y a un gain à réaliser.

5. - Il s'élève au-dessus des vaines démarcations qui parquent les mortels dans une patrie et dans un parti; avant d'être Russe ou Polonais, Français ou Prussien, Anglais ou Irlandais, blanc ou noir, l'élu est exploiteur ; il n'est monarchiste ou républicain,

conservateur ou radical, catholique ou libre-penseur, que par-dessus le marché. L'or a une couleur; mais devant lui, les opinions des capitalistes n'ont point de couleur.[1]

6. - Le capitaliste embourse avec la même différence l'argent mouillé de larmes, l'argent taché de sang, l'argent souillé de boue.

7. - Il ne sacrifie pas aux préjugés vulgaires. Il ne fabrique pas pour livrer des marchandises de bonne qualité, mais pour produire des marchandises rapportant de gros bénéfices. Il ne fonde pas des sociétés financières pour distinguer des dividendes, mais pour s'emparer des capitaux des actionnaires ; car les petits capitaux appartiennent aux grands, et, au-dessus d'eux, il y a des capitaux plus grands encore qui les surveillent pour les dévorer dans le temps,. Telle est la loi du Capital.

8. - En élevant l'homme à la dignité de capitaliste, je lui transmets une partie de ma toute-puissance sur les hommes et les choses.

9. - Le capitaliste doit dire : la société, c'est moi la morale, c'est mes goûts et mes passions la loi, c'est mon intérêt.

10. - Si un seul capitaliste est lésé dans ses intérêts, la société tout entière est en souffrance ; car l'impossibilité d'accroître le Capital est le mal des maux ; le mal contre lequel il n'existe pas de remède.

11. - Le capitaliste fait produire et ne produit pas ; fait travailler et ne travaille pas ; toute occupation manuelle ou intellectuelle lui est interdite, elle le détournerait de sa mission sacrée : l'accumulation des profits.

12. - Le capitaliste ne se métamorphose pas en écureuil idéologique, tournant une roue qui ne meut que du vent.

13. - Il se soucie fort peu que les cieux racontent la gloire de Dieu ; il ne recherche pas si la cigale chante avec son derrière ou avec ses ailes et si la fourmi est une capitaliste.[1]

---

1 L'auteur de l'**Écclésiaste** capitaliste fait sans doute allusion à ces économistes,

14. - Il ne s'inquiète ni du commencement ni de la fin des choses, il ne s'occupe que de leur faire rapporter des bénéfices.

15. - Il laisse les théologiens de l'économie officielle pérorer sur le monométallisme et le bimétallisme; mais il empoche, sans distinction, les pièces d'or et d'argent à sa portée.

16, - Il abandonne aux savants qui ne sont bons qu'à cela, l'étude des phénomènes de la nature et aux inventeurs l'application industrielle des forces naturelles, mais il s'empresse d'accaparer leurs découvertes dès qu'elles deviennent exploitables.

17. - Il ne se fatigue pas le cerveau pour savoir si le Beau et le Bon sont une seule même chose ; mais il se régale des truffes si bonnes à manger et plus laides à voir que les excréments du cochon.

18. - Il applaudit aux discours sur les vérités éternelles, mais il gagne de l'argent avec les falsifications du jour.

19. - Il ne spécule pas sur l'essence de la vertu, de la conscience et de l'amour mais il spécule sur leur vente et leur achat.

20. - Il ne recherche pas si la Liberté est bonne en soi ; il prend toutes les libertés pour n'en laisser que le nom aux salariés.

21. - Il ne discute pas si le Droit prime la Force, car il sait qu'il a tous les droits, puisqu'il possède le Capital.

22. - Il n'est ni pour ni contre le suffrage universel, ni pour ni contre le suffrage restreint, il se sert des deux : il achète les électeurs du suffrage restreint et dupe ceux du suffrage universel. S'il doit opter il se prononce pour ce dernier, comme étant le plus économique : car s'il est obligé d'acheter les électeurs et les élus du suffrage restreint, il lui suffit d'acheter les élus du suffrage universel.

---

ennuyeux diseurs de billevesées, qui déclarent que le capital est antérieur à l'homme, puisque la fourmi, en accumulant des provisions, fait acte de capitaliste.

4. L'Écclésiaste ou le livre du capitaliste

23. - Il ne se mêle pas aux parlotages sur le libre-échange et sur la protection : il est tour à tour libre-échangiste et protectionniste suivant les convenances de son commerce et de son industrie.

24. - Il n'a aucun principe : pas même le principe de n'avoir pas de principes.

§ 2.

25. - Le capitaliste est dans ma main la verge d'airain pour mener l'indocile troupeau des salariés.

26. - Le capitaliste étouffe dans son cœur tout sentiment humain, il est sans public, il traite son semblable plus durement, que sa bête de somme. Les hommes, les femmes et les enfants ne lui apparaissent que comme des machines à profit. Il bronze son cœur, pour que ses yeux contemplent les misères des salariés et pour que oreilles entendent leurs cris de rage et de douleur, et ne palpite pas.

27. - Telle une presse hydraulique descend lentement, infailliblement, réduisant au plus mince volume, au plus parfait dessèchement la pulpe soumise à son action ; tel, pressant et tordant le salarié, le capitaliste extrait le travail que contiennent ses muscles et ses nerfs ; chaque goutte de sueur qu'il essore se métamorphose en capital. Quand, usé et épuisé, le salarié ne rend plus sous sa torsion le surtravail qui fabrique de la plus-value, il le jette dans la rue comme les rognures et les balayures des cuisines.

28 - Le capitaliste qui épargne le salarié me trahit et se trahit.

29. - Le capitaliste mercantilise l'homme, la femme et l'enfant, afin que celui qui ne possède ni suif, ni laine, ni marchandise quelconque, ait au moins quelque chose à vendre, sa force musculaire, son intelligence, sa conscience. Pour se transformer en capital, l'homme doit auparavant devenir marchandise.

30 - Je suis le Capital, le maître de l'univers, le capitaliste est mon représentant : devant lui les hommes sont égaux, tous également

courbés sous son exploitation, Le manœuvre qui loue sa force, l'ingénieur qui offre son intelligence, le caissier qui vend son honnêteté, le député qui trafique de sa conscience, la fille de joie qui prête son sexe, sont pour le capitaliste des salariés à exploiter.

31 - Il perfectionne le salarié : il l'oblige à reproduire sa force de travail avec une nourriture grossière et falsifiée, pour qu'il la vende meilleur marché et il le force à acquérir l'ascétisme de l'anachorète, la patience de l'âne et l'assiduité au travail du bœuf.

32. - Le salarié appartient au capitaliste : il est sa bête de travail, son bien, sa chose. Dans l'atelier où l'on ne doit s'apercevoir ni quand le soleil se lève, ni quand la nuit commence, il braque sur l'ouvrier cent yeux vigilants, pour qu'il ne se détourne de sa tâche ni par un geste, ni par une parole.

33. - Le temps du salarié est de l'argent : chaque minute qu'à perd est un vol qu'il commet.

34. - L'oppression du capitaliste suit le salarié comme son ombre jusque dans son taudis, car à ne doit pas se corrompre l'esprit par des lectures et des discours socialistes, ni se fatiguer le corps par des amusements. Il doit rentrer chez lui en sortant de l'atelier, manger et se coucher, afin d'apporter le lendemain à son maître un corps frais et dispos et un esprit résigné.

35. - Le capitaliste ne reconnaît au salarié aucun droit, pas même le droit à l'esclavage, qui est le droit au travail.

36. - Il dépouille le salarié de son intelligence et de son habileté de main et les transporte aux machines qui ne se révoltent pas.

1. - Le matelot est assailli par la tempête ; le mineur vit entre le grisou et les éboulements, l'ouvrier se meut au milieu des roues et des courroies de la machine de fer ; la mutilation et la mort se dressent devant le salarié qui travaille : le capitaliste qui ne travaille pas est à l'abri de tout danger.

2. - Le travail éreinte, tue et n'enrichit pas : on amasse de la fortune, non pas en travaillant, mais en faisant travailler les autres.

3. - La propriété est le fruit du travail et la récompense de la paresse.

4. - On ne tire pas du vin d'un caillou, ni des profits d'un cadavre : on n'exploite que les vivants. Le bourreau qui guillotine un criminel fraude le capital d'un animal à exploiter.[1]

5. - L'argent et tout ce qui rapporte n'ont point d'odeur.

6. - L'argent rachète ses qualités honteuses par sa quantité.

7. - L'argent tient lieu de vertu à celui qui possède,

8. - Un bienfait n'est pas un bon placement portant intérêt.

9. - En se couchant mieux vaut se dire j'ai fait une bonne affaire qu'un bonne action.

10. - Le patron qui fait travailler les salariés quatorze heures sur vingt-quatre ne perd pas sa journée.

11. - N'épargne ni le bon, ni le mauvais ouvrier, car le bon comme le mauvais cheval a besoin de l'éperon.

12. - L'arbre qui ne donne pas de fruits doit être arraché et brûlé ; l'ouvrier qui ne porte plus de profits doit être condamné à la faim.

13. - L'ouvrier qui se révolte, nourris-le avec du plomb.

14. - La feuille du mûrier prend plus de temps à se transformer en satin que le salarié en capital.

15. - Voler en grand et restituer en petit, c'est la philanthropie.

1 L'Ecclésiaste nous révèle la raison capitaliste de la campagne pour l'abolition de la peine de mort menée avec tant de fracas par Victor Hugo et les autres charlatans de l'humanitarisme.

Paul Lafargue

16. - Faire coopérer les ouvriers à l'édification de sa fortune, c'est la coopération.

17. - Prendre la plus grosse part des fruits du travail, c'est le participation.

18. - Le capitaliste, libertaire fanatique, ne pratique par l'aumône; car elle enlève au sans-travail la liberté de mourir de faim.

19. - Les hommes ne sont rien de plus que des machines à produire et à consommer : le capitaliste achète les uns et court après les autres.

20. - Le capitaliste à deux langues dans sa bouche, l'une pour acheter et l'autre pour vendre.

21. - La bouche qui ment donne la vie à la bourse.

22. - La délicatesse et l'honnêteté sont les poisons des affaires.

23. - Voler tout le monde ce n'est voler personne.

24. - Démontre que l'homme est capable de dévouement ainsi que le caniche, en te dévouant à toi-même.

25. - Méfie-toi du malhonnête homme, mais ne te fie pas à l'homme honnête.

26. - Promettre prouve de la bonhomie et de l'urbanité, mais tenir sa promesse dénote de la faiblesse mentale.

27. - Les pièces de monnaie sont frappées à l'effigie du souverain ou de la République, parce que, comme les oiseaux du ciel, elles n'appartiennent qu'à celui qui les attrape.

28. - Les pièces de cent sous se relèvent toujours après être tombées, même dans l'ordure.

4. L'Écclésiaste ou le livre du capitaliste

29. - Tu t'inquiètes de beaucoup de choses, tu te crées bien des soucis, tu t'efforces d'être honnête, tu ambitionnes le savoir, tu brigues les places, tu recherches les honneurs ; et tout cela n'est que vanité et pâture de vent ; une seule chose est nécessaire : le Capital, encore le Capital.

30. - La jeunesse se fane, la beauté se flétrit, l'intelligence s'obscurcit, l'or, seul, ne se ride, ni ne vieillit.

31. - L'argent est l'âme du capitaliste et le mobile de ses actions.

32. - Je le dis en vérité, il y a plus de gloire à être un portefeuille bourré d'o., et de billets de banque, qu'un homme plus chargé de talents et de vertus que l'âne portant des légumes au marché.

33. - Le génie, l'esprit, la pudeur, la probité, la beauté n'existent que parce qu'ils ont une valeur vénale.

34. - La vertu et le travail ne sont utiles que chez autrui.

35. - Il n'y a rien de meilleur pour le capitaliste que de boire, manger et paillarder : c'est aussi ce qui lui restera de plus certain quand il aura terminé ses jours.

36. - Tant qu'il demeure parmi les hommes qu'éclaire et que réchauffe le soleil, le capitaliste doit jouir, car on ne vit pas deux fois la même heure et on n'échappe pas à la méchante et à la vilaine vieillesse qui saisit l'homme par la tête et le pousse dans le tombeau.

37. - Au sépulcre où tu vas, tes vertus ne t'accompagneront pas ; tu ne trouveras que des vers.

38. - Hors un ventre plein et digérant gaillardement et des sens robustes et satisfaits, il n'y a que vanité et rongement d'esprit.

E. Ultima Verba

Paul Lafargue

1. - Je suis le Capital, le roi du monde.

2. - Je marche escorté du mensonge, de l'envie, de l'avarice, de la chicane et du meurtre. J'apporte la division dans la famille et la guerre dans la cité. Je sème, partout où je passe, la haine, le désespoir, la misère et les maladies.

3. - Je suis le Dieu implacable. Je me plais au milieu des discordes et des souffrances. je torture les salariés et je n'épargne pas les capitalistes mes élus.

4. - Le salarié ne peut m'échapper : si pour me fuir, il franchit les montagnes, il me trouve par-delà les monts ; s'il traverse les mers, je l'attends sur le rivage où il débarque. Le salarié est mon prisonnier et la terre est sa prison.

5. - Je gorge les capitalistes d'un bien-être lourd, bête et riche en maladies. J'émascule corporellement et intellectuellement mes élus : leur race s'éteint dans l'imbécillité et l'impuissance.

6. - Je comble les capitalistes de tout ce qui est désirable et je les châtre de tout désir. je charge leurs tables de mets appétissants et je supprime l'appétit. je garnis leurs lits de femmes jeunes et expertes en caresses et j'engourdis leurs sens. Tout l'univers leur est fade, fastidieux et fatigant : ils bâillent leur vie ; il invoquent le néant et l'idée de la mort les transit de peur.

7. - Quand c'est mon plaisir et sans que la raison des hommes sonde mes raisons, je frappe mes élus, je les précipite dans la misère, la géhenne des salariés.

8. - Les capitalistes sont mes instruments. Je me sers d'eux comme d'un fouet aux mille lanières pour flageller le stupide troupeau des salariés. J'élève mes élus au premier rang de la société et je les méprise.

9. - Je suis le Dieu qui conduit les hommes et confond leur raison.

4. L'Écclésiaste ou le livre du capitaliste

10. - Le poète des temps antiques a prédit l'ère du Capitalisme ; il a dit : « Maintenant les maux sont mêlés de bien; mais un jour, il n'y aura plus ni liens de famille, ni justice, ni vertu. Aïdos et Némésis remonteront au ciel et le mal sera sans remède ».[1] Les temps annoncés sont arrivés : ainsi que les monstres voraces des mers et les bêtes féroces des bois, les hommes s'entre-dévorent sauvagement.

11. - Je ris de la sagesse humaine.

« Travaille, et la disette te fuira ; travaille, et tes greniers s'empliront de provisions », disait la sagesse antique.

J'ai dit :

« Travaille, et la gêne et la misère seront tes fidèles compagnes ; travaille, et tu videras ta maison au Mont-de-piété. »

12. - Je suis le Dieu qui bouleverse les Empires : je courbe sous mon joug égalitaire les superbes ; je broie l'insolente et égoïste individualité humaine ; je façonne l'imbécile humanité pour l'égalité. J'accouple et j'attelle les salariés et les capitalistes à l'élaboration du moule communiste de la future société.

13. - Les hommes ont chassé des cieux Brahma, Jupiter, Jéhovah, jésus, Allah, je me suicide.

14. - Lorsque le Communisme sera la loi de la société, le règne du Capital, le Dieu qui incarne les générations du passé et du présent, sera fini. Le Capital ne dominera plus le monde: il obéira au travailleur, qu'il hait. L'homme ne s'agenouillera plus devant l'œuvre de ses mains et de son cerveau ; il se redressera sur ses pieds et debout il regardera la nature, en maître.

15. - Le Capital sera le dernier des Dieux.

---

1 Cette prédiction des temps capitalistes, plus véridique que celle des prophètes annonçant la venue de jésus, se trouve dans les Travaux *et les Jours* d'Hésiode.

Paul Lafargue

5. Prières capitalists

A. Oraison dominicale

Capital, notre père, qui êtes de ce monde, Dieu tout-puissant, qui changez le cours des fleuves et percez les montagnes, qui séparez les continents et unissez les nations ; créateur des marchandises et source de vie, qui commandez aux rois et aux sujets, aux patrons et aux salariés, que votre règne s'établisse sur toute la terre.

Donnez-nous beaucoup d'acheteurs prenant nos marchandises, les mauvaises et aussi les bonnes ;

Donnez-nous des travailleurs misérables acceptant sans révolte tous les travaux et se contentant du plus vil salaire ;

Donnez-nous des gogos croyant en nos prospectus :

Faites que nos débiteurs payent intégralement leurs dettes[1] et que la Banque escompte notre papier;

Faites que Mazas ne s'ouvre jamais pour nous et écartez de nous la faillite ;

Accordez-nous des rentes perpétuelles.
Amen.

B. Credo

Je crois au Capital qui gouverne la matière et l'esprit ;

---

1 Le *Pater noster des* chrétiens, rédigé par des mendiants et des vagabonds pour de pauvres diables accablés de dettes, demandait à Dieu la remise des dettes : *dimite nobis debita nostra,* dit le texte latin. Mais quand des propriétaires et des usuriers se convertirent au christianisme, les pères de l'Eglise trahirent le texte primitif et traduisirent impudemment *debita* par péchés, *offenses,* Tertullien, docteur de l'Église et riche propriétaire, qui sans doute possédait des créances sur une foule de personnes, écrivit une dissertation sur l'Oraison dominicale et soutint qu'il fallait entendre le mot *dettes* dans le sens de péchés, les seules dettes que les chrétiens absolvent. La religion du Capital, en progrès sur la religion catholique, devait réclamer l'intégral payement des dettes : le crédit étant l'âme des transactions capitalistes.

Je crois au Profit, son fils très légitime, et au Crédit, le Saint-Esprit, qui procède de lui et est adoré conjointement ;

Je crois à l'Or et à l'Argent, qui, torturés dans l'Hôtel de la Monnaie, fondus au creuset et frappés au balancier, reparaissent au monde Monnaie légale, et qui, trouvés trop pesants, après avoir circulé sur la terre entière, descendent dans les caves de la Banque pour ressusciter Papier-monnaie ; je crois à la Rente cinq pour cent, au quatre et au trois pour cent également et à la Cote authentique des valeurs ; je crois au Grand-Livre de la Dette publique, qui garantit le Capital des risques du commerce, de l'industrie et de l'usure ; je crois à la Propriété individuelle, fruit du travail des autres, et à sa durée jusqu'à la fin des siècles ; je crois à l'Éternité du Salariat qui débarrasse le travailleur des soucis de la propriété ; je crois à la Prolongation de la journée de travail et à la Réduction des salaires et aussi à la Falsification des produits ; je crois au dogme sacré : **Acheter bon marché et vendre cher**; et pareillement je crois aux principes éternels de notre très sainte église, l'Économie politique officielle.

Amen.

C. Salutations (Ave Miseria)

Salut, Misère, qui écrasez et qui domptez le travailleur, qui déchirez ses entrailles par la faim, tourmenteuse infatigable, qui le condamnez à vendre sa liberté et sa vie pour une bouchée de pain ; qui brisez l'esprit de révolte, qui infligez au producteur, à sa femme et à ses enfants les travaux forcés des bagnes capitalistes, salut, Misère, pleine de grâces.

Vierge sainte, qui engendrez le Profit capitaliste, déesse redoutable qui nous livrez la classe avilie des salariés, soyez bénie.

Mère tendre et féconde de Surtravail, génératrice de rentes, veillez sur nous et les nôtres.

Amen.

D. Adoration de l'or

Or, marchandise miraculeuse, qui porte en toi les autres

marchandises ;

Or, marchandise primigène, en qui se convertit toute marchandise;

Dieu qui sait tout mesurer,

Toi, la très parfaite, la très idéale matérialisation du Dieu capital,

Toi, le plus noble, le plus magnifique élément de la nature,

Toi, qui ne connais ni la moisissure, ni les charançons, ni la rouille ;

Or, inaltérable marchandise, fleur flamboyante, rayon radieux, soleil resplendissant ; métal toujours vierge, qui, arraché des entrailles de la terre, la mère antique des choses, retourne t'enfouir, loin de la lumière, dans les coffres-forts des usuriers et les caves de la Banque et qui, du fond des cachettes où tu te tasses, transmets au papier vil et misérable ta force qu'il double et qu'il décuple ;

Or inerte, qui remues l'univers, devant ton éclatante majesté les siècles vivants s'agenouillent et t'adorent humblement ;

Accorde ta grâce divine aux fidèles qui t'implorent et qui, pour te posséder, sacrifient l'honneur et la vertu, l'estime des hommes et l'amour de la femme de leur cœur et des enfants de leur chair, et qui bravent le mépris d'eux-mêmes.

*

Or, maître souverain, toujours invincible, toi l'éternel victorieux, écoute nos prières ;

Bâtisseur de villes et destructeur d'Empires ;

Étoile polaire de la morale

Toi, qui pèses les consciences

Toi, qui dictes la loi aux nations et qui courbes sous ton joug les papes et les empereurs, écoute nos prières ;

Toi, qui enseignes au savant à falsifier la science, qui persuades la mère de vendre la virginité de son enfant et qui contrains l'homme libre à accepter l'esclavage de l'atelier, écoute nos prières Toi, qui achètes les arrêts du juge et les votes du député, écoute nos prières ;

Toi, qui produis des fleurs et des fruits inconnus à la nature ;

Qui sèmes les vices et les vertus

Qui engendres les arts et le luxe, écoute nos prières ;

Toi, qui prolonges les ans inutiles de l'oisif et qui abrèges les jours du travailleur, écoute nos prières ;

Toi, qui souris au capitaliste en son berceau et qui frappes le prolétaire dans le sein de sa mère, écoute nos prières.

*

Or, voyageur infatigable, qui te plais aux fourberies et aux chicanes, exauce nos vœux ;

Interprète de toutes les langues,

Entremetteur subtil,

Séducteur irrésistible,

Étalon des hommes et des choses, exauce nos vœux ;

Messager de paix et fauteur de discordes

Distributeur du loisir et du surtravail ;

Auxiliaire de la vertu et de la corruption, exauce nos vœux ;

Paul Lafargue

Dieu de la persuasion, qui fais entendre les sourds et délies la langue des muets, exauce nos vœux ;

Or maudit et invoqué par d'innombrables prières, vénéré des capitalistes et aimé des courtisanes, exauce nos vœux

Dispensateur des biens et des maux

Malheur et joie des hommes ;

Guérison des malades et baume des douleurs, exauce nos vœux ;

Toi, qui ensorcelles le monde et pervertis la raison humaine ;

Toi, qui embellis les laideurs et pares les disgrâces ;

Porte-respect universel, qui rends honorables la honte et le déshonneur, et qui fais respectables le vol et la prostitution, exauce nos vœux ;

Toi, qui combles la lâcheté des gloires dues au courage ;

Qui accordes à la laideur les hommages dus à la beauté;

Qui fais don à la décrépitude des. amours dues à la jeunesse ;

Magicien malfaisant, exauce nos vœux

Démon qui déchaîne le meurtre et souffle la folie, exauce nos vœux ;

Flambeau qui éclaire les routes de la vie ;

Guide et protecteur, et salut des capitalistes, exauce nos vœux.

*

5. Prières capitalists

Or, roi de gloire, soleil de justice

Or, force et joie de la vie. Or, illustre, viens à nous ;

Or, aimable au capitaliste et redoutable au producteur, viens à nous

Miroir des jouissances ;

Toi, qui donnes au fainéant les fruits du travail, viens à nous :

Toi, qui emplis les celliers et les greniers de ceux qui ne bêchent, ni ne taillent les vignes ; de ceux qui ne labourent, ni ne moissonnent, viens à nous ;

Toi, qui nourris de viande et de poisson ceux qui ne mènent paître les troupeaux, ni ne bravent les tempêtes de la mer, viens à nous ;

Toi, la force et la science et l'intelligence du capitaliste, viens à nous ;

Toi, la vertu et la gloire, la beauté et l'honneur du capitaliste, viens à nous ;

Oh ! viens à nous, Or séduisant, espérance suprême, commencement et fin de toute action, de toute pensée, de tout sentiment capitaliste.

Amen.

6. Lamentations de Job Rothschild, le capitaliste

Capital, mon Dieu et mon maître, pourquoi m'as-tu abandonné ? quelle faute ai-je donc commise pour que tu me précipites des hauteurs de la prospérité et m'écrases du poids de la dure pauvreté ?

N'ai-je pas vécu selon ta loi ? - mes actions n'ont-elles pas été droites et légales ?

Paul Lafargue

Ai-je à me reprocher d'avoir jamais travaillé ? N'ai-je pas pris toutes les jouissances que permettaient mes millions et mes sens ? - N'ai-je pas tenu à la tâche nuit et jour, des hommes, des femmes et des enfants tant que leurs forces pouvaient aller et au-delà ? Leur ai-je jamais donné mieux qu'un salaire de famine ? Est-ce que jamais je me suis laissé toucher par la misère et le désespoir de mes ouvriers ?

Capital, mon Dieu, j'ai falsifié les marchandises que je vendais, sans me préoccuper de savoir si j'empoisonnais les consommateurs ; j'ai dépouillé de leurs capitaux les gogos qui se sont laissé prendre à mes prospectus.

Je n'ai vécu que pour jouir et pour me laisser enrichir; et tu as béni ma conduite irréprochable et ma vie louable en m'accordant femmes, enfants, chevaux et valets, les plaisirs du corps et les jouissances de la vanité.

Et voilà que j'ai tout perdu, tout, et je suis devenu un objet de rebut

Mes concurrents se réjouissent de ma ruine et mes amis se détournent de moi; ils me refusent jusqu'aux conseils inutiles, jusqu'aux reproches ; ils m'ignorent. Mes maîtresses m'éclaboussent avec les voitures achetées avec mon argent.

La misère se referme sur moi et, comme les murs d'une prison, elle me sépare du reste des hommes. je suis seul et tout est noir en moi, hors de moi.

Ma femme, qui n'a plus d'argent pour se farder et se déguiser le visage, m'apparaît dans toute sa laideur. Mon fils, élevé pour ne rien faire, ne comprend même pas l'étendue de mon malheur, -l'idiot ! - les yeux de ma fille coulent comme deux fontaines au souvenir des mariages manqués.

Mais que sont les malheurs des miens auprès de mon infortune ? Là où j'ai commandé en maître, on me chasse quand je viens m'offrir comme employé

6. Lamentations de Job Rothschild, le capitaliste

Tout est pour moi puanteur et ordure dans mon taudis ; mon corps endolori par la dureté du lit et mordu par les punaises et les insectes immondes ne trouve plus de repos, mon esprit ne goûte plus le sommeil qui apporte l'oubli.

Oh ! qu'ils sont heureux les misérables qui n'ont jamais connu que la pauvreté et la saleté. Ils ignorent ce qui est délicat, ce qui est bon ; leur épiderme épaissi et leurs sens abêtis n'éprouvent aucun dégoût.

Pourquoi m'avoir fait savourer le bonheur pour ne m'en laisser que le souvenir, plus cuisant qu'une dette de jeu ?

Mieux eut valu, ô Seigneur, me faire naître dans la misère que me condamner à y croupir après m'avoir élevé dans la fortune.

Que puis-je faire pour gagner mon misérable pain ?

Mes mains, qui n'ont porté que des bagues et qui n'ont manié que des billets de banque, ne peuvent tenir l'outil. Mon cerveau, qui ne s'est occupé qu'à fuir le travail, qu'à se reposer des fatigues de la richesse, qu'à échapper aux ennuis de l'oisiveté et qu'à surmonter les dégoûts de la satiété ne peut fournir la somme d'attention nécessaire pour copier des lettres et additionner des chiffres.

Mais, Seigneur, se peut-il que tu frappes si impitoyablement un homme qui n'a jamais désobéi à un de tes commandements ?

Mais c'est mal, c'est injuste, c'est immoral que je perde les biens que le travail des autres avait si péniblement amassés pour moi.

Les capitalistes, mes semblables, en voyant mon malheur, sauront que ta grâce est capricieuse, que tu l'accordes sans raison et que tu la retires sans cause.

Qui voudra croire en toi ?

Paul Lafargue

Quel capitaliste sera assez téméraire, assez insensé pour accepter ta loi, -pour s'amollir dans la fainéantise, les plaisirs et l'inutilité, si l'avenir est si incertain, si menaçant, si le vent le plus léger qui souffle à la Bourse renverse les fortunes les mieux assises, si rien n'est stable, si le riche du jour sera le ruiné du lendemain ?

Les hommes te maudiront, Dieu-Capital, en contemplant mon abaissement ; ils nieront ta puissance en calculant la hauteur de ma chute, ils repousseront tes faveurs.

Pour ta gloire, replace-moi en ma position perdue, relève-moi de mon abjection, car mon cœur se gonfle de fiel, et des paroles de haine et des imprécations se pressent sur mes lèvres.

Dieu farouche, Dieu aveugle, Dieu stupide, prends garde que les riches n'ouvrent enfin les yeux et ne s'aperçoivent qu'ils marchent insouciants et inconscients sur les bords d'un précipice; tremble qu'ils ne t'y jettent pour le combler, qu'ils ne se joignent aux communistes pour te supprimer !

Mais quel blasphème ai-je proféré

Dieu puissant, pardonne-moi ces paroles imprudentes et impies.

Tu es le maître, qui distribue les biens sans qu'on les mérite et qui les reprend sans qu'on les démérite, tu agis selon ton bon plaisir, tu sais ce que tu fais.

Tu m'écrases pour mon bien, tu m'éprouves dans mon intérêt.

O Dieu doux et aimable, rends-moi tes faveurs : tu es la justice et, si tu me frappes, j'ai dû commettre quelque faute ignorée.

O Seigneur, si tu me redonnais la richesse, je fais vœu de suivre plus rigoureusement ta loi. J'exploiterais mieux et davantage les salariés ; je tromperais plus astucieusement les consommateurs et je volerais plus absolument les gogos.

6. Lamentations de Job Rothschild, le capitaliste

Je te suis soumis, comme le chien au maître qui le bat, je suis ta chose, que ta volonté s'accomplisse.

ISBN : 978-1519128621

Paul Lafargue